ORACIONES
CON PODER
Para mamás

D1616107

SANTIAGO 5:16

Germaine Copeland

ORACIONES CON PODER

Para mamás

Unilit

Sepa

Publicado por
Unilit
Miami, FL 33172

Traducción: Adriana E. Tessore de Firpi
Diseño, portada e interior: Alicia Mejias
Fotografía de la cubierta: © 2013 Elena Schweitzer.
Usado con permiso de www.shutterstock.com.

Disponible en otros idiomas a través de Harrison House.
*Available in other languages from Harrison House LLC, P O Box 35035, Tulsa, Oklahoma
74153, USA, Fax Number 918-523-5747, www.harrisonhouse.com.*

Producto 495544
ISBN 0-7899-1555-3
ISBN 978-0-7899-1555-9

Impreso en Colombia
Printed in Colombia

Categoría: Vida cristiana/Crecimiento espiritual/Oración
Category: Christian Living/Spiritual Growth/Prayer

Esta es la confianza que tenemos al acercarnos a Dios: que si pedimos conforme a su voluntad, él nos oye. Y si sabemos que Dios oye todas nuestras oraciones, podemos estar seguros de que ya tenemos lo que le hemos pedido.

1 JUAN 5:14-15

CONTENIDO

Introducción ix

Confesiones personales xi

1. Anda en la Palabra 1
2. Ponte la armadura de Dios 3
3. Glorifica a Dios 5
4. Dios vive en ti 7
5. Regocíjate en el Señor 9
6. Anda en la sabiduría de Dios y en su
    perfecta voluntad 11
7. Anda en amor 13
8. Anda en perdón 15
9. Ten cuidado con lo que dices 17
10. Vive libre de la preocupación 19
11. Provisión: «Danos hoy nuestro pan cotidiano» 21
12. Fortaleza para superar preocupaciones y cargas 23
13. Conquista tus pensamientos 25
14. Sabiduría divina en los asuntos de la vida 27
15. Establece las prioridades adecuadas 29
16. Conoce la voluntad de Dios 31
17. El matrimonio de la nueva creación 33
18. El matrimonio armonioso 35
19. El futuro hijo 37
20. Los hijos 39
21. Los hijos y la escuela 41
22. El hogar 43

23. Prosperidad 45
24. Dedicación de tus diezmos 47
25. Victoria en un estilo de vida saludable 49
26. Salud y sanidad 51
27. Seguridad 53
28. Un sueño reparador 55
29. Victoria sobre el orgullo 57
30. Victoria sobre el temor 59
31. Victoria sobre la depresión 61
32. Liberación de los hábitos 64
33. La vida controlada por el Espíritu 66
34. Halla favor en los demás 69
35. Oración por el gobierno 71

INTRODUCCIÓN

Oraciones con poder para mamás se creó y diseñó para ti porque eres importante para tu familia y para tu Padre celestial. Debido a que enfrentas situaciones más complejas y llevas una vida muy distinta de lo que fue la experiencia de tu madre cuando te criaba a ti, ha aumentado también el estrés de ser mamá hoy en día. Tú, como mamá, influyes más allá de tu propia familia: ayudas a formar las nuevas generaciones. Semejante tarea sería imposible de cumplir con éxito sin la ayuda y el amor de un consejero a tu lado. Las oraciones de este libro te fortalecerán de manera espiritual, física y emocional, y se diseñaron para que las uses a diario. Te animo a que leas la Palabra de Dios y a que hagas estas oraciones bíblicas. En la actualidad, ser una madre piadosa es más que criar hijos y llevar adelante la casa: es cumplir tu destino. Naciste para un momento como este. Tus hijos se levantarán y te llamarán bienaventurada.

Germaine Copeland,
PRESIDENTA DE *WORD MINISTRIES, INC.*

Confesiones personales

Jesús es el Señor sobre mi espíritu, mi alma y mi cuerpo (Filipenses 2:9-11).

Jesús se ha hecho para nosotros sabiduría, justificación, santificación y redención. Puedo hacer todas las cosas por medio de Cristo que me fortalece (1 Corintios 1:30, LBLA; Filipenses 4:13).

El Señor es mi pastor. Nada me falta. Mi Dios provee todo lo que necesito conforme a las gloriosas riquezas que tiene en Cristo Jesús (Salmo 23; Filipenses 4:19).

No me preocupo ni me inquieto por nada. No tengo ansiedad (Filipenses 4:6; 1 Pedro 5:6-7).

Pertenezco al Cuerpo de Cristo. Soy redimida de la maldición porque Jesús cargó con mis enfermedades y soportó mis dolores en su cuerpo. Por sus heridas soy sanada. Prohíbo que cualquier enfermedad o dolencia opere en mi cuerpo. Cada órgano y cada tejido de mi cuerpo funcionan con la perfección con que los creó Dios. Honro y glorifico a Dios con mi cuerpo (Gálatas 3:13; Mateo 8:17; 1 Pedro 2:24; 1 Corintios 6:20).

Tengo la mente de Cristo y guardo los pensamientos, los sentimientos y los propósitos de su corazón (1 Corintios 2:16).

Soy una creyente y no una incrédula. Me aferro a mi confesión de fe. Decido andar por fe y practicar la fe. Mi fe viene proviene del oír, y el oír proviene de la palabra de Dios. Jesús es el iniciador y el perfeccionador de nuestra fe (Hebreos 4:14; Hebreos 11:6; Romanos 10:17, RVC; Hebreos 12:2).

El Espíritu Santo ha derramado el amor de Dios en mi corazón, y su amor habita en mí en abundancia. Estoy en el reino de la luz, en amor, en la Palabra; y el maligno no llega a tocarme (Romanos 5:5; 1 Juan 4:16; 1 Juan 5:18).

Aplastaré a las víboras, a las serpientes y a todo poder del enemigo. Tomo mi escudo de la fe para apagar las flechas encendidas del maligno. Más poderoso es el que está en mí que el que está en el mundo (Salmo 91:13; Efesios 6:16; 1 Juan 4:4).

Me rescataron de este mundo malvado. Estoy sentada con Cristo en las regiones celestiales. Me trasladaron al reino del amado Hijo de Dios. La ley del Espíritu de vida en Jesucristo me liberó de la ley del pecado y de la muerte (Gálatas 1:4; Efesios 2:6; Colosenses 1:13; Romanos 8:2).

No tengo temor, porque Dios me ha dado un espíritu de poder, de amor y de dominio propio. Dios está de mi lado (2 Timoteo 1:7; Romanos 8:31).

Escucho la voz del Buen Pastor. Escucho la voz de mi Padre y no seguiré la voz del extraño. Encomiendo mis obras al Señor. Las entrego y las confío plenamente en sus manos. Él hará que mis pensamientos sean conforme a su voluntad, y así mis proyectos se cumplirán y tendrán éxito (Juan 10:27; Proverbios 16:3).

Soy vencedora del mundo porque nací de Dios. Represento bien al Padre y al Hijo. Soy un miembro útil en el cuerpo de Cristo. Soy creación de Dios, recreada en Cristo Jesús. Mi Padre Dios produce en mí tanto el querer como el hacer para que se cumpla su buena voluntad (1 Juan 5:4-5; Efesios 2:10; Filipenses 2:13).

Permito que la Palabra habite en mí abundantemente. El que comenzó tan buena obra en mí la continuará hasta el día de Cristo (Colosenses 3:16; Filipenses 1:6).

Anda en la Palabra

Padre, en el nombre de Jesús, me comprometo a andar en la Palabra. Tu Palabra que habita en mí produce vida en este mundo. Reconozco que tu Palabra es íntegra en sí misma y confío mi vida a sus disposiciones.

Tú pusiste tu Palabra en mi corazón. Habita en mí con abundancia en toda sabiduría. Medito en ella de día y de noche para cumplir con diligencia todo lo que está escrito. La simiente imperecedera habita en mi espíritu y crece produciendo tu divina naturaleza, tu vida. Es mi consejo, mi escudo, mi baluarte y mi poderosa espada en la batalla. La Palabra es una lámpara a mis pies y una luz a mi camino que allana mi senda. No tropezaré porque mis pasos son ordenados según la Palabra.

El Espíritu Santo me guía a toda verdad. Me da entendimiento, discernimiento y comprensión para que yo esté a salvo de las trampas del maligno.

Me deleito en ti y en tu Palabra, y tú pones tus deseos en mi corazón. Encomiendo a ti mi camino y tú actuarás. Confío en que tú estás obrando en mí produciendo tanto el querer como el hacer para que se cumpla tu buena voluntad.

Exalto tu Palabra y la tengo en gran estima, la pongo en primer lugar y planeo mi vida en torno a ella. Tu Palabra es la autoridad suprema que da respuesta a todos los interrogantes. Estoy de acuerdo con la Palabra de Dios y en desacuerdo con cualquier pensamiento, condición o circunstancia que sean contrarios a tu Palabra. Con absoluta certeza y firmeza declaro que mi corazón está aferrado y fundado en el cimiento sólido de la Palabra viva de Dios.

Referencias bíblicas
- Salmos 37:4-5, 23; 91:4; 112:7-8; 119:105
- Hebreos 4:12
- Colosenses 1:9; 3:16; 4:2
- Josué 1:8
- 1 Pedro 1:23; 3:12
- Juan 16:13
- Efesios 6:10
- Lucas 18:1
- Filipenses 2:13
- 2 Corintios 10:5

Ponte la armadura de Dios

En el nombre de Jesús, me pongo toda la armadura de Dios, a fin de hacerles frente a las artimañas del diablo.

Me protejo con la armadura completa que me ha dado Dios, así cuando llegue el día malo podré resistir los ataques del enemigo, y cuando haya peleado hasta el fin, seguiré estando firme. Me mantendré firme, ceñida con el cinturón de la verdad. Tu Palabra, Señor, es verdad, y tiene todas las armas para mi lucha, que no es contra seres humanos, sino poderosas en Dios para derribar fortalezas.

Estoy protegida con la coraza de justicia, que es fe y amor. Mis pies están calzados con la disposición de proclamar el evangelio de la paz. En Cristo tengo paz y procuro la paz con todos los hombres. Soy una ministra de la reconciliación que proclama las buenas nuevas del evangelio.

Tomo el escudo de la fe, con el cual puedo apagar todas las flechas encendidas del maligno, el casco de la salvación (que tiene los pensamientos, sentimientos y propósitos del corazón de Dios), y la espada del Espíritu, que es la Palabra de Dios. Frente a las pruebas, las tentaciones y las tribulaciones destruyo las trampas del enemigo al pronunciar la Palabra de Dios. Más poderoso es el que está en mí que el que está en el mundo.

Gracias, Padre, por la armadura. Oraré en el Espíritu en todo momento (en cada ocasión y circunstancia), con peticiones y ruegos. Por eso me mantendré alerta y vigilante, intercediendo con perseverancia a favor de mis hijos y de todos los santos. Mi poder, capacidad y suficiencia provienen de ti, que me has capacitado para ser una servidora de un nuevo pacto [de la salvación por medio de Cristo]. Amén.

Referencias bíblicas
- Efesios 2:14; 6:11-14
- Efesios 6:13-17
- Juan 17:17
- Salmo 34:14
- 2 Corintios 3:5-6; 5:18; 10:4
- 1 Juan 4:4

Glorifica a Dios

Padre, por tu misericordia, ofrezco mi cuerpo como sacrificio vivo, santo, agradable a ti como acto de adoración espiritual. Tú estás obrando en mi vida, dándome las fuerzas y produciendo el poder y el deseo para que se cumpla tu buena voluntad.

Padre, no volveré atrás con temor, porque eso no será de tu agrado. Me compraste por un precio y me hiciste tuya. Por tanto, te honraré y te daré la gloria con mi cuerpo.

Te invoqué en el día de la angustia; tú me libraste y yo te honré y glorifiqué. Me regocijo porque me libraste del dominio de la oscuridad y me trasladaste al reino de tu amado Hijo. Confesaré y alabaré tu nombre, oh Señor mi Dios, con todo mi corazón; y glorificaré tu nombre eternamente y para siempre.

Como sierva de Jesucristo, recibo y desarrollo los talentos que Él me ha dado porque quiero que me digas: «¡Hiciste bien, sierva buena y fiel!». Uso mis dones (facultades, talentos, cualidades) conforme a la gracia que se me ha dado. Dejo que mi luz brille delante de los hombres para que vean mi excelencia moral y mis obras buenas, nobles y dignas de alabanza, y te reconozcan, te honren, te alaben y te glorifiquen a ti, mi Padre.

En el nombre de Jesús, mi vida expresa la verdad en todas las cosas; porque hablo la verdad, trato con la verdad y vivo la verdad. Todo lo que hago, lo que sea, de palabra o de obra, lo hago en el nombre del Señor Jesús y en dependencia total de su persona, dando gloria a Dios el Padre por medio de Él. Cualquiera que sea mi tarea, la hago de buena gana (de corazón), como algo hecho para el Señor y no para los hombres. A Dios sea toda la gloria, el honor y la alabanza. Amén.

Referencias bíblicas
- Romanos 12:1, 6
- Filipenses 2:13
- Hebreos 10:38
- 1 Corintios 6:20
- Salmos 50:15; 86:12
- Colosenses 1:13; 3:17, 23
- Mateo 5:16; 25:21
- Efesios 4:15

Dios vive en ti

Soy un espíritu que está aprendiendo a vivir en un mundo natural. Tengo un alma y vivo dentro de un cuerpo físico. Estoy en el mundo, pero no soy del mundo. Dios de paz, te pido que me santifiques por completo para conservar todo mi ser (espíritu, alma y cuerpo) irreprochable para la venida de nuestro Señor Jesucristo. Padre, tú me llamaste y eres digno de confianza. Lo dijiste y lo cumplirás. Te doy gracias por el Espíritu que me guía a toda verdad por medio de mi espíritu humano regenerado.

Señor, tu luz penetra en mi espíritu humano y pone al descubierto cada intención oculta. Tú me has dado tu Espíritu para poder conocer las cosas maravillosas que nos has dado. Soy una hija de Dios (nacida de Él, llena de Él y guiada por el Espíritu de Dios). Presto atención a mi corazón cuando miro al Espíritu dentro de mí. Gracias, Espíritu Santo, por guiarme y por iluminar mi mente. Como testigo interno, tú me guías en el camino en que debo andar en todas las cuestiones de la vida. Los ojos de mi entendimiento se iluminaron. La sabiduría está en mi interior. Tu amor se perfecciona en mí.

Padre, no quiero andar en la carne, sino en el espíritu. Presto atención y obedezco la voz de mi espíritu que la controla el Espíritu Santo. Examino mi camino a la luz de la Palabra. Confío en ti, Señor, con todo mi corazón, y no me apoyo en mi propio entendimiento. Te reconozco en todos mis caminos y tú diriges mis pasos.

Espíritu Santo, tú eres mi Consolador, y me instruyes para educar, capacitar y desarrollar mi espíritu humano. La Palabra de Dios no se apartará de mi boca. En ella meditaré de día y de noche. Prosperaré y tendré éxito en la vida. Soy un hacedor de tu Palabra y la pongo en el primer lugar.

Referencias bíblicas

- 1 Tesalonicenses 5:23-24
- Juan 3:6-7; 14:26; 16:13
- Proverbios 3:5-6; 20:27, NTV
- 1 Corintios 2:12, NTV
- Romanos 8:1, 14, 16
- Efesios 1:18; 5:18
- Isaías 48:17
- 1 Juan 2:20; 4:12
- Salmo 119:105
- Josué 1:8
- Santiago 1:22

Regocíjate en el Señor

Mi Señor, este es el día en que tú actuaste. ¡Me regocijo y me alegro en él! Me alegro en ti siempre. Me deleito en ti, Señor. ¡Soy dichosa porque Dios es mi Señor!

Padre, tú me amas y te regocijas sobre mí con gozo. ¡Aleluya! Soy redimida. Vengo ante ti con cánticos de júbilo, y mi corona será el gozo eterno. Me lleno de regocijo y de alegría, y el dolor y los gemidos se apartarán. El espíritu de regocijo, de gozo y de alegría es mi herencia. Donde está el Espíritu del Señor, allí hay libertad, emancipación de las ataduras. Yo ando en esa libertad.

Padre, te alabo con labios de júbilo. Me siento plena y estimulada por el Espíritu Santo. Hablo con salmos, himnos y canciones espirituales. Alabo al Señor con el corazón. Mi corazón alegre es buena medicina y mi espíritu jovial obra sanidad. Mi mirada radiante alegra el corazón de los demás y las buenas noticias renuevan las fuerzas. Mi semblante irradia el gozo del Señor.

Padre, te agradezco por el fruto de mis oraciones. Pido en el nombre de Jesús y recibo para que mi gozo sea cumplido, completo y rebosante. El gozo del Señor es mi fortaleza, y considero con sumo gozo cuando me encuentro en pruebas o dificultades de cualquier clase porque en ti, Padre, soy fuerte.

Tu mano derecha ha vencido a Satanás; por tanto, no me conmueven las circunstancias adversas. Tengo la victoria en el nombre de Jesús. Recibí la justicia de Dios en Cristo Jesús. Soy parte del reino de Dios y tengo paz y gozo en el Espíritu Santo. ¡Alabado sea el Señor!

Referencias bíblicas
- Salmos 63:5; 118:24; 144:15 • Romanos 14:17
- Filipenses 3:1; 4:4, 8
- Sofonías 3:17
- Isaías 51:11
- 2 Corintios 3:17; 5:7, 21
- Santiago 1:2, 25
- Efesios 1:22; 5:18-19; 6:10
- Proverbios 15:13, 30; 17:22
- Juan 15:7-8; 16:23
- Nehemías 8:10
- 1 Juan 5:4

Anda en la sabiduría de Dios y en su perfecta voluntad

Señor y Dios mío, digno eres de recibir la gloria, la honra y el poder, porque tú creaste todas las cosas; por tu voluntad existen y se crearon. Me adoptaste como hija tuya por medio de Jesucristo, según el buen propósito de su voluntad. Sin cesar les transmito mi fe a otros, a fin de tener el pleno conocimiento de todas las cosas buenas que tengo en Cristo.

Padre, te pido que me des el pleno conocimiento de lo que deseas hacer en mi vida y te pido también que me hagas sabia con toda comprensión espiritual. Entonces, así mi manera de vivir te honrará y te agradará, de manera que siempre daré fruto en toda buena obra hacia los demás. Y procuraré en todo tiempo aprender a conocerte mejor cada día.

Pongo en tus manos, Señor, todas mis obras y, como harás que mis pensamientos sean agradables a tu voluntad, mis planes tendrán éxito. Tú diriges mis pasos y los haces que sean seguros. Comprendo la voluntad del Señor y me mantengo firme en ella; porque no soy distraída, descuidada, ni necia. Permanezco firme y madura en todo crecimiento espiritual, convencida y plenamente segura de lo que Dios quiere.

Padre, tú me destinaste y escogiste para ir conociendo tu voluntad. Es decir, poder percibir y reconocer con mayor fuerza y claridad, y llegar a ser mejor y a estar más identificada con tu voluntad. Te agradezco, Padre, por el Espíritu Santo que habita en mí, que me guía a toda verdad y que repite lo que escucha de ti, anunciándome y declarando las cosas que han de venir. Tengo la mente de Cristo y tengo, por tanto, sus pensamientos, sentimientos y los propósitos de su corazón.

Por eso, Padre, entro en el bendito reposo de tu presencia, confiando en ti y descansando en ti en el nombre de Jesús. ¡Aleluya!

Referencias bíblicas

- Apocalipsis 4:11
- Efesios 1:5; 5:16
- Colosenses 1:9-10
- Proverbios 16:3, 9, NTV
- Colosenses 4:12
- Hechos 22:14
- 1 Corintios 2:16
- Hebreos 4:10

Anda en amor

Padre, en el nombre de Jesús, te doy gracias porque el Espíritu Santo ha derramado tu amor en mi corazón. Tu amor y el amor que siento por ti, Padre, se ha perfeccionado, y el amor perfecto echa fuera todo temor.

Padre, debido a que soy participante de tu naturaleza divina, me comprometo a andar en tu amor. Por eso soy bondadosa, y soy paciente con mis hijos. No soy celosa, ni fanfarrona, ni orgullosa, ni ofensiva. No exijo que las cosas se hagan a mi manera, pues no soy egoísta, ni interesada, susceptible, quejosa, ni resentida.

No me irrito ni llevo un registro de las ofensas recibidas. No me alegro de la injusticia, sino que me alegro cuando la verdad triunfa. Nunca me doy por vencida y jamás pierdo la fe. Mi esperanza por el futuro de mis hijos se mantiene firme en toda circunstancia. Todo lo soporto sin debilitarme porque tu amor por mí durará para siempre.

Padre, mi amor abunda cada vez más en conocimiento y en buen juicio. Discierno solo lo que es mejor. Soy pura e irreprochable para el día de Cristo, llena de frutos de justicia.

Estoy profundamente arraigada y cimentada en amor, y reconozco que tú me fortaleces. Nada podrá separarme de tu amor que es en Cristo Jesús, mi Señor. Gracias, Padre, en el precioso nombre de Jesús. Amén.

Referencias bíblicas
- Romanos 5:5; 12:14; 8:31, 39
- 1 Juan 2:5; 4:18
- 1 Corintios 3:6; 13:4-8, NTV
- Mateo 5:44
- Filipenses 1:9-11
- Juan 13:34
- Daniel 1:9
- Efesios 3:17

Anda en perdón

Padre, en el nombre de Jesús, hago un nuevo compromiso contigo de vivir en paz y en armonía, no solo con los demás hermanos y hermanas en Cristo, sino también con mis amigos, socios, vecinos y mi familia.

Padre, me arrepiento por tener malos sentimientos hacia los demás. Me comprometo a arrepentirme piadosamente y abandonar toda amargura, ira, enojo, envidia, conflictos y falta de amabilidad en cualquiera de sus formas en mi corazón y mi mente. Padre, te pido que me perdones el pecado de _____. Por fe, recibo tu perdón, con la certeza de que me limpias todas mis faltas por medio de Jesucristo. Te pido que perdones y liberes a todos los que me hayan hecho daño y me hayan lastimado. Yo los perdono y los libero. Ocúpate de ellos con tu misericordia y amoroso favor.

De ahora en adelante, me propongo andar en amor, buscar la paz, vivir en un mismo sentir y conducirme hacia los demás de una forma que sea agradable a ti. Sé que tus ojos están sobre mí y tus oídos atentos a mis oraciones.

El Espíritu Santo, que me ha sido dado, ha derramado el amor de Dios en mi corazón. Creo que el amor fluye en la vida de mis hijos y de todos los que conozco, para que podamos ser llenos y abundemos en los frutos de justicia que te dan honra y gloria a ti, Señor, en el nombre de Jesús. ¡Que así sea!

Referencias bíblicas
- Romanos 5:5; 12:10, 16-18
- Filipenses 1:11; 2:2
- Efesios 4:27, 31-32
- Juan 1:9
- Marcos 11:25
- 1 Pedro 3:8, 11-12
- Colosenses 1:10

Ten cuidado con lo que dices

Padre, renuncio a las palabras indecentes y a las conversaciones necias que son contrarias a mis verdaderos deseos. La lengua contamina y prende fuego a todo el curso de la vida porque es encendida por el infierno.

Renuncio, rechazo y me arrepiento de cada palabra que haya salido de mi boca contra ti, Señor, y contra tus obras. Anulo su poder y dedico mi boca a hablar lo bueno y lo excelente. Pronunciaré palabras sabias, amables y razonables, llenas de misericordia y de bendición.

Debido a que me hiciste justicia de Dios en Cristo Jesús, ordeno mi vida para la obediencia, la abundancia, la sabiduría, la salud y el gozo. Oh Señor, pon un freno en mi boca; cuida la puerta de mis labios. Entonces, las palabras de mi boca y mis obras manifestarán tu justicia y tu salvación durante toda mi vida. Refreno mi boca y mi lengua para liberar a mi familia de muchas angustias.

Padre, tus palabras, las cuales son espíritu y vida, están en la máxima prioridad para mí. La Palabra habita en mi ser con toda su riqueza, con toda sabiduría. Pronuncio tu Palabra y libero tu capacidad en mí. Por eso con valor aseguro que mis palabras son palabras de fe, palabras de poder, palabras de amor y palabras de vida que producen cosas buenas en mi vida y en la vida de los demás, en el nombre de Jesús.

Referencias bíblicas
- Efesios 4:27; 5:4
- 2 Timoteo 2:16
- Santiago 1:6; 3:6
- Proverbios 4:23; 8:6-7; 21:23
- 2 Corintios 5:21
- Juan 6:63
- Colosenses 3:16
- Filemón 6

Vive libre de la preocupación

Padre, te doy gracias porque me has librado del dominio de la oscuridad y me trasladaste al reino de tu amado Hijo. En el nombre de Jesús, vivo libre de toda preocupación, porque la ley del Espíritu de vida en Jesucristo me ha liberado del poder del pecado y de la muerte.

Me humillo bajo tu poderosa mano y deposito en ti toda mi ansiedad y mis preocupaciones *(nómbralas)*. Gracias porque me cuidas con esmero y atención y me sostienes. ¡No permitirás que el justo caiga y quede abatido para siempre!

Padre, me deleito en ti y tú me perfeccionas. Destruyo todo argumento y toda altivez que se levanta contra el conocimiento de ti, y llevo cautivo todo pensamiento para que se someta a la obediencia de Cristo. Me despojo del lastre que me estorba y el pecado de la preocupación que con tanta facilidad me asedia. Y corro con perseverancia la carrera que tengo por delante, con la mirada fija en Jesús, el iniciador y perfeccionador de mi fe.

Padre, tú eres capaz de guardar lo que he puesto en tus manos. Y concentro mi mente para que piense en todo lo verdadero, todo lo respetable, todo lo justo, todo lo puro, todo lo amable, todo lo digno de admiración, todo lo que sea excelente o merezca elogio. Cuidaré mi corazón y no permitiré que esté preocupado. Habito en tu palabra y tu Palabra habita en mí. Me fijo atentamente en la ley perfecta que da libertad y persevero en ella, no siendo un oidor olvidadizo, sino un hacedor de la Palabra, ¡por eso recibo bendición al ponerla en práctica!

Gracias, Padre. Estoy libre de preocupaciones. Y ando en la paz que sobrepasa todo entendimiento, ¡en el nombre de Jesús!

Referencias bíblicas:
- Colosenses 1:13
- Romanos 8:2
- 1 Pedro 5:6-7
- Salmos 37:4-5; 55:22; 138:8
- 2 Corintios 10:5
- Hebreos 12:1-2
- 2 Timoteo 1:12
- Filipenses 4:6, 8
- Juan 14:1; 15:7
- Santiago 1:22-25

Provisión: «Danos hoy nuestro pan cotidiano»

Padre, tú provees alimento, vestido y refugio para mi familia, y estoy muy agradecida. En el nombre de Jesús, no me preocupo por mi vida, qué comeremos o qué beberemos o qué vestiremos. La vida tiene más valor que la comida y el cuerpo es mucho más valioso e importante que la ropa.

No comeré del pan del ocio [chisme, descontento y autocompasión]. Padre, gracias por proveer con liberalidad (en abundancia) para cada una de nuestras necesidades según tus riquezas en gloria en Cristo Jesús.

En el nombre de Jesús, no viviré solo de pan, sino de toda palabra que procede de la boca de Dios. Al encontrarme con tus palabras, yo las devoraba; ellas eran mi gozo y la alegría de mi corazón.

Jesús, el Verbo, el Pan de Vida, se hizo hombre y habitó entre nosotros, y he contemplado su gloria.

Gracias, Padre, en el nombre de Jesús, por el pan espiritual: el maná del cielo.

Referencias bíblicas
- Mateo 4:4; 6:9-11, 25
- Jeremías 15:16
- Proverbios 31:27
- Filipenses 4:19
- Salmo 37:25
- Juan 1:14; 6:48-51

Fortaleza para superar preocupaciones y cargas

Padre, me someto a tu voluntad. En el nombre de Jesús, resisto al diablo cuando intenta angustiarme con las preocupaciones de este mundo. Me acerco a ti, mi amado, y tú te acercas a mí.

Jesús, acudo a ti porque estoy cansada y agobiada con muchas cosas. Tú me das descanso. Tú aligeras, alivias y renuevas mi alma. Tomo tu yugo y aprendo de ti; porque eres apacible y humilde de corazón. Hallo descanso (alivio, refrigerio, recreación y una bendecida calma) para mi alma. Tu yugo es suave (no es rudo, ni duro, ni afilado, ni opresor, sino que es cómodo, benévolo y agradable), y tu carga es liviana.

¿Por qué voy a inquietarme? ¿Por qué me voy a angustiar?

Dejo mis cargas en ti, Señor (abandonando ese peso), y tú me sostendrás. Gracias porque jamás permitirás que caiga ni quede abatida para siempre.

En el nombre de Jesús, resistiré al diablo. Estoy firme en mi fe (bien fundada, establecida, sólida, inamovible y determinada). Descanso de mis obras (y de mi dolor y sufrimiento), y me esfuerzo por entrar en el reposo de Dios (al conocerlo y experimentarlo yo misma).

Padre, te agradezco porque tu presencia va conmigo y me haces descansar. Permaneceré quieta y descansaré en ti, Señor; en ti espero con paciencia. No me angustiaré ni me acobardaré. Mi esperanza está en ti, Dios mío, y esperaré en ti; porque aun he de alabarte; porque tú eres mi ayuda y mi Dios.

Referencias bíblicas
- Salmos 37:7; 42:11; 55:22; 127:1
- Santiago 4:6-7
- Mateo 11:28-30
- 1 Pedro 5:9
- Hebreos 4:10-11
- Éxodo 33:14, RVC
- Juan 14:27b

Conquista tus pensamientos

Padre, en el nombre de Jesús, tomo autoridad sobre mi mente. Aunque vivo en la carne, no libro batallas como lo hace el mundo con las armas humanas. Las armas con las que lucho no son del mundo, sino que tienen el poder divino para derribar fortalezas. Destruyo todo argumento (teoría, razonamiento) y toda altivez que se levanta contra el (verdadero) conocimiento de Dios, y llevo cautivo todo pensamiento (y propósito) para que se someta a la obediencia de Cristo, el Mesías, el Ungido.

Con toda mi alma, con cada pensamiento y propósito de mi vida, te alabo, Señor. Mi mente no divagará fuera de la presencia de Dios. Mi vida glorificará al Padre en espíritu, alma y cuerpo. No tomaré en cuenta lo malo que me hayan hecho.

No le prestaré atención. No le daré lugar en mi mente. Estoy lista para creer lo mejor de cada persona. Concentraré mi atención en las cosas de arriba (las más altas), no en las cosas de la tierra.

Consideraré bien todo lo verdadero, todo lo respetable, todo lo justo, todo lo puro, todo lo amable, todo lo digno de admiración, todo lo que sea excelente o merezca elogio.

Tengo la mente de Cristo (el Mesías), así que tengo los pensamientos, los sentimientos y los propósitos de su corazón. En el nombre de Jesús, pongo en práctica lo que he aprendido, recibido y oído en Cristo (modelando mi estilo de vida en esto), y el Dios de paz (de imperturbable y tranquilo bienestar) estará conmigo.

Referencias bíblicas
- 2 Corintios 10:3-5
- Salmo 103:1
- 1 Corintios 2:16; 6:20; 13:5, 7
- 1 Pedro 1:13
- Colosenses 3:2
- Filipenses 4:8-9

Sabiduría divina en los asuntos de la vida

Padre, por fe te ruego que me des el pleno conocimiento de tu voluntad y que me concedas sabiduría y comprensión espiritual. Mi oído inclino hacia la sabiduría y de corazón me entrego a la inteligencia.

En el nombre de Jesús, adquiero sabiduría y disciplina. Discierno palabras de inteligencia. Como persona sabia y entendida, aumento mi saber y recibo dirección (de modo que pueda ser capaz de dirigir mi camino como es debido).

La sabiduría me cuida. La estimo y la exalto; me honra porque la abrazo. Pone en mi cabeza una hermosa diadema, una bella corona de gloria. Con la mano derecha ofrece larga vida; con la izquierda, honor y riquezas.

A Jesús Dios lo ha hecho nuestra sabiduría, y en Él están los tesoros de la sabiduría (divina) y del conocimiento (espiritual). Dios ha escondido la sabiduría sana y piadosa y la reservó para mí, para que en Cristo recibiera la justicia de Dios.

Cuando ande por sendas de rectitud, no encontraré obstáculos (mi camino estará despejado y abierto); y cuando corra, no tropezaré. Me aferro a la instrucción y no la dejo escapar; la cuido bien, pues es mi vida. Pongo la mirada en lo que tengo delante (con un propósito fijo), y mi vista en lo que está frente a mí. Enderezo las sendas por donde ando, y allano todos mis caminos.

Padre, en el nombre de Jesús, ¡tengo cuidado de mi manera de vivir! Quiero hacerlo con un propósito, de manera digna y apropiada, no como necia, sino como una persona sabia, sensible e inteligente. Quiero aprovechar al máximo cada momento oportuno.

Referencias bíblicas
- Proverbios 1:2-5; 2:2, 7; 3:16; 4:6, 8-9, 11-13, 25-26
- Santiago 1:5-6
- Colosenses 1:9, NTV
- 2 Corintios 5:21, RVC
- 1 Corintios 1:30
- Colosenses 2:3
- Efesios 5:15-16

Establece las prioridades adecuadas

Padre, te pido que me ayudes con mis prioridades. Me basta con tu gracia en toda situación. Tu fortaleza se perfecciona en mi debilidad. Deseo vivir con un propósito, de manera digna y apropiada, como una persona sabia, sensible e inteligente.

Me has dado siete días a la semana: seis días para trabajar y el séptimo para descansar. Ayúdame a aprovechar bien el tiempo, cada oportunidad. Ayúdame a planificar mi día y a mantenerme concentrada en mis tareas.

En el nombre de Jesús, destruyo todo argumento y toda altivez que se levanta contra el conocimiento de Dios, y llevo cautivo todo pensamiento, emoción e impulso para que se someta a la estructura de vida diseñada por Cristo.

Quiero liberar mi mente de toda obstrucción y llevar una vida de obediencia hacia la madurez.

Padre, planifico la manera en que deseo vivir (organizo mis esfuerzos, programo mis actividades y administro mi tiempo), pero solo tú me ayudas a cumplirlo. Jesús, tú quieres que descanse y no me preocupe por obtener cosas, de tal manera que pueda ser receptiva a las cosas de Dios. Te conozco, Padre Dios, y conozco tu manera de obrar. Pongo mi vida en la realidad divina, la iniciativa divina y la provisión divina.

Padre, quiero dejar todas mis preocupaciones, mis angustias y mis cargas en tus manos, a fin de poder ser equilibrada en mi temperamento y en mi mente, atenta y cautelosa en todo tiempo. Mi oído se inclina hacia la sabiduría, de corazón me entrego a la inteligencia, y pido discernimiento. Mi vida está completa en Cristo.

Padre, enviaste a Jesús, por medio de quien puedo conocerte a ti y tener vida abundante. Mi relación contigo y con los demás es más importante que cualquier otra cosa en esta vida. Amén.

Referencias bíblicas
- Mateo 6:31-33; 11:29
- Efesios 5:15-16
- 2 Corintios 10:5-6
- Colosenses 2:10
- Génesis 2:2
- Proverbios 2:2-3; 16:3, 9
- 1 Pedro 5:7-8
- Juan 10:10

Conoce la voluntad de Dios

Padre, te doy gracias porque me instruyes en el camino que debo seguir, y me aconsejas y velas por mí. Te doy gracias por revelarme tu voluntad, tu plan y tu propósito para mi vida. Escucho la voz del Buen Pastor porque te conozco y te sigo. Me guías por sendas de justicia por amor a tu nombre.

A medida que te sigo, mi senda se asemeja a los primeros albores de la aurora: su esplendor va en aumento hasta que el día alcanza su plenitud.

Gracias, Padre, por haber hecho a Jesús mi sabiduría. Confío en ti con todo mi corazón. Busco en ti entendimiento y te reconozco en todos mis caminos, y tú enderezas mis sendas. En el nombre de Jesús, no estoy confundida en cuanto a tu voluntad para mi vida.

Referencias bíblicas
- Salmos 16:11; 23:3; 32:8
- Juan 10:3-4
- Proverbios 3:5-6, RVC; 4:18
- Efesios 5:19
- 1 Corintios 1:30; 14:33, LBLA

El matrimonio de la nueva creación

Padre, en el nombre de Jesús, te doy gracias por mi esposo que busca primero tu reino y tu justicia (tu buena manera de actuar y de ser). Juntos crecemos en todas las cosas y alcanzamos nuestro máximo potencial. Te agradezco por suplir nuestras más profundas necesidades mientras edificamos un hogar piadoso, cumpliendo tu propósito de edificar tu reino. Cuando hablo es porque tengo algo importante para decir y lo expreso con amabilidad. Cuando los demás ven el amor que nos prodigamos, creerán que enviaste a Jesús para darles vida eterna.

Referencias bíblicas
- Efesios 1:4, 6, 8; 5:22, 25-30, 33
- 2 Corintios 3:6; 5:17-18
- Filipenses 2:15

Continuación...

• 1 Pedro 2:23
• Mateo 19:5-6
• 1 Corintios 11:7
• Proverbios 31:11-12

El matrimonio armonioso

Padre, tú derramas tu amor en nuestro corazón por el Espíritu Santo que nos has dado. Debido a que estás en nosotros, tu amor reina soberano, se manifiesta a plenitud, uniéndonos a la verdad, perfeccionándonos para toda buena obra, a fin de cumplir tu voluntad, obrando en nosotros lo que es agradable a tu vista.

Vivimos y conducimos nuestro matrimonio y nuestra vida de manera honorable y apropiada. Lo estimamos como precioso, valioso y de gran precio. Nos comprometemos a vivir en mutua armonía y de acuerdo el uno con el otro, agradándonos en todo, unidos en alma y pensamiento.

Padre, somos amables, compasivos, corteses, bondadosos y humildes. Procuramos la paz y esta guardará nuestros corazones en tranquilidad y seguridad perpetua. Como procuramos el amor y habitamos en paz, nuestras oraciones no tienen estorbo en el nombre de Jesús. Somos herederos de la gracia de Dios.

Nuestro matrimonio se fortalece día a día con el lazo de la unidad porque está fundado en tu Palabra y arraigado y cimentado en tu amor. Padre, te doy las gracias por los resultados de nuestro matrimonio, en el nombre de Jesús.

Referencias bíblicas
- Romanos 5:5
- Filipenses 1:9; 2:2, 13; 4:7
- Colosenses 1:10; 3:14
- Efesios 3:17-18; 4:32
- 1 Pedro 3:7
- Isaías 32:17
- Jeremías 1:12

El futuro hijo

Padre, en el nombre de Jesús, te doy gracias por mi futuro hijo que es un regalo tuyo. Estás cuidando a mi hijo que se forma saludable y completo en mis entrañas.

Conoces a mi hijo desde su concepción y el camino que va a transitar en su vida. Te pido que lo bendigas, y por fe confío en su salvación por medio de Jesucristo.

Cuando creaste al hombre y a la mujer, los llamaste benditos y los coronaste de gloria y honor. En ti, Padre, es que mi hijo vivirá, se moverá y será. Él es tu vástago, y te alabará y te adorará.

Padre celestial, te doy gracias y te alabo por las grandes cosas que has hecho y sigues haciendo. Me asombra el milagro de vida que has puesto dentro de mí. ¡Gracias! Amén.

Referencias bíblicas
• Salmos 8:5; 91:1; 127:3
• Génesis 1:26
• Jeremías 1:5
• 2 Pedro 3:9
• Hechos 17:28-29
• Mateo 18:18
• Juan 14:13
• Gálatas 3:13
• 1 Juan 3:8

Los hijos

Padre, en el nombre de Jesús, soy una mujer virtuosa que declara con poder tu Palabra sobre la vida de mis hijos y los rodeo con oraciones de fe. Ellos son discípulos de Cristo, enseñados por el Señor y obedientes a tu voluntad. Grande es su paz y su bienestar porque tú contenderás en su favor, los protegerás y los liberarás.

Entrego el cuidado de mis hijos en tus manos, sabiendo que eres capaz de protegerlos y guardarlos. ¡Tú eres más que suficiente!

En el nombre de Jesús, ato la mente y el corazón de mis hijos en obediencia. Honran, estiman y valoran como preciosos a sus padres que son tus representantes; por tanto, en todo les irá bien y gozarán de una larga vida en esta tierra. Escogieron la vida y decidieron amarte, obedecer tu voz y aferrarse a ti porque tú eres su vida y largura de días.

Mis hijos son cabeza y no cola, y están encima y no están debajo. Son benditos al entrar y al salir. Gracias por los ángeles que los acompañan, los defienden y los preservan en todos sus caminos. Tú eres su refugio y su fortaleza, su gloria y quien levanta sus cabezas.

No provocaremos, ni irritaremos, ni exasperaremos a nuestros hijos. No los haremos enojar ni dañaremos su espíritu, sino que los criaremos en la disciplina y el amor del Señor. Los encaminaremos en el camino en que deben andar y, aunque sean viejos, no se apartarán de él.

Amado Señor, de la boca de los niños y de los que maman fundaste la fortaleza, a causa de tus enemigos, para hacer callar al enemigo y al vengativo. En el nombre de Jesús, el enemigo es alejado de la vida de mis hijos. Crecen en sabiduría y en gracia para con Dios y los hombres.

Referencias bíblicas
- Jeremías 1:12
- Isaías 49:25; 54:13
- Salmos 3:3; 8:1-2; 91:2, 11
- Colosenses 3:21
- Deuteronomio 28:3, 6, 13; 30:19-20
- Efesios 6:1-4
- 1 Pedro 5:7
- 2 Timoteo 1:12
- Proverbios 22:6
- Lucas 2:52

Los hijos y la escuela

Padre, levanto vallados y me paro en la brecha delante de ti a favor de mis hijos mientras continúan su educación. Te pido que produzcas en ellos así el querer como el hacer para agradarte. Ellos son cabeza y no cola, están encima y no están debajo. Mis hijos gozarán de favor, buen entendimiento y alta estima a la vista de Dios, de sus maestros y de sus compañeros. Te pido que les des a mis hijos sabiduría e inteligencia cuando se les presente el conocimiento en todos los campos de estudio y desempeño.

Padre, te doy gracias por haberles dado a mis hijos aprecio por la educación y por haberlos ayudado a comprender que tú eres la fuente de todo conocimiento. Tienen interés por ser diligentes y cuentan con abundantes recursos educativos; sus pensamientos son como los de los diligentes y constantes, que van tras los logros. Están creciendo en sabiduría y conocimiento. Jamás dejaré de orar por ellos, pidiéndote que sean llenos del conocimiento de tu voluntad y lleven fruto en toda buena obra.

Padre, gracias porque mis hijos habitan al abrigo del Altísimo. Ellos confían y hallan su refugio en ti, y permanecen arraigados y cimentados en tu amor. No los arrastrarán las filosofías de hombres ni las enseñanzas contrarias a la verdad. Tú eres su escudo y su baluarte, y los proteges de amenazas y ataques. Gracias por los ángeles que pones a su alrededor para acompañarlos, defenderlos y preservarlos en todos sus caminos de obediencia y servicio. Están firmes en tu amor que echa fuera todo temor.

Te ruego que los maestros de mis hijos sean piadosos hombres y mujeres y personas de integridad, con corazones entendidos y que anden en sabiduría de manera digna, consagrada y virtuosa, honrando tu santo nombre. Amén.

Referencias bíblicas

- Filipenses 2:13
- Deuteronomio 28:1-2, 13
- Proverbios 1:4, 7; 3:4, 13; 4:5
- Efesios 1:17; 3:17; 4:14
- Salmos 91:1-11; 112:8
- Colosenses 1:9-10
- 1 Reyes 4:29
- Daniel 1:4
- Mateo 18:18
- Santiago 1:5

El hogar

Padre, en el nombre de Jesús, soy una mujer de absoluta confianza. Mi familia y yo somos bendecidos con toda bendición espiritual en Cristo Jesús. A quien Dios ha hecho mi sabiduría.

Con piadosa sabiduría y habilidad se edifica mi casa (mi vida, mi hogar, mi familia), y con inteligencia se echan los firmes y buenos cimientos. Y con buen juicio se llenan los cuartos de bellas y extraordinarias riquezas, de tesoros incalculables. Esta es la casa del justo que permanece. Abundantes riquezas y prosperidad hay en mi casa, en el nombre de Jesús.

Mi casa está bien construida y es segura. Está cimentada en la roca, en el conocimiento de la revelación de tu Palabra, Padre. Jesús es mi piedra angular, y Él es el Señor de mi casa. Cualquiera que sea nuestra tarea, trabajamos de corazón como si fuera para ti, Señor, y no para los hombres. Nos amamos unos a otros con el amor de Dios y habitamos en paz. Entrego mi hogar a tu cargo y lo confío a tu protección y cuidado.

Padre, me entrego a la tarea a la que Dios me ha llamado, y tendré éxito en mis esfuerzos en el nombre de Jesús. ¡Aleluya!

Referencias bíblicas
- Efesios 1:3
- Proverbios 12:7; 24:3-4
- Proverbios 15:6
- Salmo 112:3
- Lucas 6:48
- Hechos 4:11; 16:31; 20:32
- Filipenses 2:10-11
- Colosenses 3:14-15, 23
- Josué 24:15, RVC

Prosperidad

Padre, tú eres mi ayudador cuando tengo problemas, y eres más que suficiente. Tú eres fiel para suplir todas mis necesidades conforme a tus riquezas en gloria en Cristo Jesús.

(Si no has estado diezmando ni ofrendando, incluye esta frase de arrepentimiento en tu oración). Perdóname por haberte robado en mis diezmos y ofrendas. Me arrepiento y me propongo traer mis diezmos para los fondos del templo para que haya alimento en tu casa. Te doy gracias por los consejeros financieros y los maestros sabios que me enseñan los principios de la buena mayordomía.

Señor Todopoderoso, tú dijiste: «Pruébenme en esto [...] y vean si no abro las compuertas del cielo y derramo sobre ustedes bendición hasta que sobreabunde». Tú reprenderás al devorador a mi favor y mi corazón está lleno de gratitud.

Señor, mi Dios, tú eres quien me da el poder para hacer las riquezas a fin de confirmar tu pacto. En el nombre de Jesús, te adoro solo a ti y no tengo dioses ajenos delante de mí.

Tú eres poderoso para hacer que toda gracia, todo favor y toda bendición terrenal sean sobre mí con toda abundancia para buenas obras y donaciones de caridad. Amén.

Referencias bíblicas
- Salmo 56:1
- Filipenses 4:19
- Malaquías 3:8-12
- Deuteronomio 8:18-19
- 2 Corintios 9:8

Dedicación de tus diezmos

Hoy declaro, ante el Señor mi Dios, que he entrado en la herencia que Él juró darme. Estoy en la tierra que has provisto para mí en Jesucristo, el reino del Dios Todopoderoso. Yo era una pecadora que servía a Satanás; él era mi dios. Sin embargo, pronuncié el nombre de Jesús, tú escuchaste mi clamor y me trasladaste al reino de tu amado Hijo.

Jesús, mi Señor y Sumo Sacerdote, traigo los primeros frutos de mis ingresos y adoro al Señor mi Dios con ellos.

Me regocijo en todo el bien que tú nos has dado. Escucho la voz del Señor, mi Dios, y hago todo lo que me ordena. Ahora, mírame desde tu lugar santo y bendíceme como lo dijiste en tu Palabra. Te doy gracias, Padre, en el nombre de Jesús.

Referencias bíblicas
- Deuteronomio 26:1, 3, 10-11, 14-15
- Efesios 2:1-5
- Colosenses 1:13
- Hebreos 3:1, 7-8

Victoria en un estilo de vida saludable

Padre, soy una mujer de poder porque Jesús es Señor sobre mi espíritu, mi alma y mi cuerpo. Te alabo porque soy una creación maravillosa. Tus obras son admirables y eso lo sé muy bien.

Señor, gracias por declarar tus planes para mí; planes de bienestar y no de calamidad, a fin de darme un futuro y una esperanza. Renuevo mi mente a tus planes de un estilo de vida saludable. Me has dado prudencia y sabiduría. Por tanto, me fijaré por dónde ando y lo que ingiero. Enséñame buen juicio y conocimiento para poder lograr y mantener el peso adecuado según mi constitución y mi edad.

Mi cuerpo es para el Señor. Por eso, esto es lo que quiero hacer con tu ayuda, Padre: Quiero presentarte mi vida cotidiana (mi descanso, lo

que como, mi trabajo y el andar por la vida)
como una ofrenda ante ti. Acepto que lo que tú
hagas por mí es lo mejor que puedo hacer por ti.

Cristo el Mesías sea exaltado y reciba toda la
gloria y la alabanza en este cuerpo, y sea exaltado
en toda mi persona. Gracias, Padre, en el nombre
de Jesús. ¡Aleluya! Amén.

Referencias bíblicas
- Salmo 119:66, LBLA; 139:14
- Jeremías 29:11
- Proverbios 14:15
- Romanos 12:1
- Filipenses 1:20

Salud y sanidad

Padre, vengo ante ti creyendo que es tu voluntad sanarme de esta dolencia.

Mi cuerpo es templo del Espíritu Santo y busco la verdad que me hará libre, tanto de manera espiritual como física (buenos hábitos alimenticios, medicamentos si son necesarios, descanso adecuado y ejercicio físico). Me compraste por un precio y deseo glorificarte en mi espíritu y en mi cuerpo porque ambos te pertenecen.

Gracias, Padre, por enviar tu Palabra para sanarme y librarme de la destrucción. Jesús, tú cargaste mis penas (dolores) y llevaste mis tristezas (enfermedades). Te traspasaron por mis transgresiones y te molieron por mis iniquidades; el castigo por mi bienestar recayó sobre ti, y por tus heridas soy sanada.

Padre, presto atención a tus palabras e inclino mi oído a tus dichos. No pierdo de vista tus palabras, y las guardo muy dentro de mi corazón, porque son vida y salud para mi cuerpo.

Puesto que el Espíritu que levantó a Jesús de entre los muertos vive en mí, el mismo que levantó a Cristo de entre los muertos también dará vida a mi cuerpo mortal por medio de su Espíritu que vive en mí.

Te bendigo, Señor, con todo mi ser. Bendigo tu santo nombre y no me olvido de ninguno de tus beneficios. Gracias por perdonar todas mis iniquidades y sanar todas mis enfermedades. Prosperaré en todas las cosas y tendré salud, a la vez que mi alma prospera. Amén.

Referencias bíblicas
- Santiago 5:15
- 1 Corintios 6:19-20
- Salmos 103:3-5; 107:20
- Juan 1:14
- Isaías 53:4-5
- Proverbios 4:21-22
- Romanos 8:11
- 3 Juan 2, RVC

Seguridad

Padre, en el nombre de Jesús, te doy gracias porque habito al abrigo del Altísimo y me acojo a la sombra del Todopoderoso (cuyo poder no puede soportar el enemigo).

Padre, tú eres mi refugio y mi fortaleza. Ningún mal habrá de sobrevenirme, ninguna calamidad llegará a mi hogar. Tú les ordenas a tus ángeles que me cuiden (me defiendan) en todos mis caminos (de obediencia y servicio). Ellos acampan a mi alrededor.

Padre, tú eres mi confianza firme y fuerte, guardando mis pies para librarme de caer en una trampa. ¡Jesús es mi seguridad!

Al viajar: Cuando salgo, digo: «Crucemos al otro lado», y obtengo lo que pido. Recorro tranquila mi camino porque mi corazón y mis pensamientos en ti perseveran y tú me guardas en perfecta paz.

Al dormir: Padre, canto sobre mi cama porque tú me sustentas. En paz me acuesto porque solo tú, Señor, me haces vivir confiado. Me acuesto y no tengo temor. Tengo dulces sueños porque tú bendices mi descanso. Gracias, Padre, en el nombre de Jesús. Amén.

¡Continúa disfrutando y meditando sobre todo el Salmo 91 por ti y tus seres queridos!

Referencias bíblicas
- Salmos 3:5; 34:7, RVC; 112:7; 127:2; 149:5
- Salmos 4:8; 91:1-2, 10-11, NTV
- Jeremías 1:12
- Proverbios 3:23-24, 26, RVC
- Isaías 26:3; 49:25
- Marcos 4:35

Un sueño
reparador

Padre, gracias por los ángeles que acampan alrededor de los que te temen. Tú eres el que nos liberta y nos mantiene a salvo. Los ángeles son paladines poderosos que ejecutan tu palabra y tú les encomiendas que me cuiden y me guarden en todos mis caminos.

Presento cada pensamiento, cada idea y cada sueño y los someto a la cautividad en obediencia a Jesucristo. Padre, te agradezco que cuando duermo, mi corazón me aconseja y me revela tus planes y propósitos. Gracias por los dulces sueños. Mi corazón se alegra y mi espíritu se regocija. Mi cuerpo y mi alma descansan seguros, sin temor alguno. Amén.

Referencias bíblicas
- Salmos 16:7-9, LBLA; 91:11; 103:20; 127:2
- Proverbios 3:24
- Mateo 16:19; 18:18
- 2 Corintios 10:5

Victoria sobre el orgullo

Padre, someto mi voluntad a ti. En el nombre de Jesús, resisto al diablo y él huirá de mí. Renuncio a toda manifestación de orgullo en mi vida como pecado; me arrepiento y me aparto.

En un acto de fe, me visto de humildad y recibo tu gracia. Me humillo bajo tu mano poderosa, Señor, para que tú me exaltes en el momento oportuno. No tengo de mí un concepto más alto del que debo tener, ni tengo una opinión exagerada de mi propia importancia, sino que pienso de mí misma con moderación, según la medida de fe que Dios me ha dado.

Proverbios 11:2 dice: «Con el orgullo viene el oprobio; con la humildad, la sabiduría». Padre, me preparo para resistir el orgullo cuando se presente. Mi deseo es que me cuenten entre los humildes, de manera que tomaré la actitud de siervo.

Padre, tú habitas con el contrito y humilde de espíritu. Tú reanimas el espíritu de los humildes y alientas el corazón de los quebrantados. Te doy gracias porque recompensa de la humildad y del temor del Señor son las riquezas, la honra y la vida.

En el nombre de Jesús te lo pido. Amén.

Referencias bíblicas
- Proverbios 6:16; 11:2; 21:4; 22:4
- Santiago 4:6-7
- 1 Pedro 5:5-6
- Romanos 12:3
- Mateo 23:11
- Isaías 57:15

Victoria sobre el temor

Padre, cuando tenga miedo, pondré en ti mi confianza. Sí, confiaré en tus promesas. Y como confío en ti, ¿qué puede hacerme un simple mortal?

No me has dado un espíritu de timidez, sino de poder, de amor y de dominio propio. Por tanto, no me avergüenzo de dar testimonio de nuestro Señor. No he recibido un espíritu de esclavitud para volver otra vez al temor, sino que he recibido el espíritu de adopción como hija por el cual clamo: «¡Abba, Padre!».

Jesús, tú me has dado libertad porque me pasaba la vida con miedo a la muerte. Recibo el regalo que preparaste para mí: paz en mi mente y en mi corazón. Y la paz que tú das no es frágil como la paz que da este mundo. Desecho los pensamientos perturbadores y no me angustio. Creo en Dios; y creo también en ti.

Señor, tú eres mi luz y mi salvación. Tú me proteges del peligro, ¿de quién temeré? Cuando los malvados me atacan para destruirme, tropezarán y caerán. Sí, aun cuando un ejército me asedie, no temerá mi corazón. Confío en que tú me librarás.

Gracias, Espíritu Santo, por traer estas cosas a mi mente cuando me veo tentada a tener temor. Confiaré en mi Dios. En el nombre de Jesús te lo pido. Amén.

Referencias bíblicas
- Salmos 27:1-3; 56:3-5
- 2 Timoteo 1:7-8
- Romanos 8:15, LBLA
- Hebreos 2:15
- Juan 14:1, 17

Victoria sobre la depresión

Padre, a ti elevo mi alma. Al meditar en la obra de tus manos, con absoluta seguridad pongo en ti mi confianza. Jamás me abandonarás ni me dejarás. Tú eres mi ayudador cuando pierdo la calma y, mi Dios, eres quien me libras de la depresión.

Señor, cuando estoy doblegada, tú me levantas. En ti soy fuerte y valiente. Confío en ti y mi voluntad es la tuya en el nombre de Jesús.

Padre, tú tienes pensamientos y planes para mi bienestar y mi paz, no planes de calamidad. En el nombre de Jesús, desecho todo modelo equivocado de pensamiento. Y derribo fortalezas que han protegido las percepciones negativas de quien soy. Me someto a ti, Padre, y resisto el temor, el desaliento, la autocompasión y la depresión. No le daré lugar al diablo albergando resentimientos ni aferrándome al enojo. Me rodeo con cánticos y exclamaciones de liberación de la depresión, y seguiré siendo una vencedora por la palabra de mi testimonio y la sangre del Cordero.

Padre, te agradezco que me hayas dado un espíritu de poder, de amor y una mente tranquila y equilibrada. Tengo disciplina y dominio propio. Tengo la mente de Cristo, y tengo sus pensamientos, sentimientos y propósitos de su corazón. Gracias por la renovada actitud mental y espiritual, pues me renuevas de continuo en el espíritu de mi mente con tu Palabra, Padre.

Por tanto, fortalezco mis manos y afianzo mis rodillas vacilantes, hago una senda derecha para mis pies; una senda alegre y hacia arriba que vaya en la dirección adecuada. Me levanto de la depresión y la postración en la que me han puesto las circunstancias. Me levanto a una nueva vida. Me levanto y resplandezco por la gloria del Señor.

Gracias, Padre, en el nombre de Jesús, porque me has liberado de toda obra de maldad. Te alabo porque el gozo del Señor es mi fortaleza. ¡Aleluya!

Referencias bíblicas

- Isaías 26:3; 35:3-4, LBLA; 50:10; 54:14; 60:1, LBLA
- Salmos 9:9-10; 31:24
- Salmo 146:8
- Jeremías 29:11-13
- Juan 14:27
- Santiago 4:7
- Efesios 4:23-24, 27
- Lucas 4:18-19
- 2 Timoteo 1:7
- 1 Corintios 2:16
- Filipenses 2:5
- Hebreos 12:12-13
- Gálatas 1:4
- Nehemías 8:10

Liberación de los hábitos

Padre, con mi corazón creo y con mi boca confieso que Jesús es el Señor de mi vida. Como toda mi confianza está en Jesús, me despojo de mi vieja naturaleza, mi yo que no ha sido renovado. Padre, el hábito de _____ no me sirve. No es bueno para mí, ni tampoco positivo ni provechoso en comparación con otras cosas. En el nombre de Jesús declaro mi libertad de la esclavitud de los hábitos y las conductas equivocadas.

Padre, tu Palabra pone de manifiesto los patrones de pensamiento equivocados que me han llevado a seguir reaccionando de maneras contrarias a tu Palabra. Deseo ser llena del Espíritu Santo y estar bajo su control.

Gracias, Padre, por haberme trasladado al reino de tu amado Hijo. Ahora soy tu campo de cultivo. En el nombre de Jesús, arrojo toda inmundicia y toda maldad a la basura. Con sencilla humildad, me propongo permitir que tú, mi Jardinero, siembres en mí tu Palabra para que mi vida sea un jardín de salvación.

Me pongo toda la armadura de Dios: el casco de la salvación; ceñida con el cinturón de la verdad; calzados los pies con la disposición de proclamar el evangelio de la paz; el escudo de la fe; y la espada del Espíritu, que es la Palabra de Dios. Por tanto, me opongo a las artimañas de Satanás, a sus engaños y a sus flechas encendidas, en el nombre de Jesús. Disciplino mi cuerpo y lo someto a Él. En todas las tentaciones elijo la salida que tú provees. Mayor es el que está en mí que el que está en el mundo.

Gracias, Señor. Te alabo por poder crecer espiritualmente y porque tu Palabra sembrada en mí es la que salva mi vida. Me despojo de la antigua naturaleza y de sus hábitos, y me visto de la nueva criatura creada en Cristo Jesús. ¡Aleluya! Amén.

Referencias bíblicas
- Romanos 10:9-10
- Efesios 4:21-22; 6:10-17
- 1 Corintios 3:9; 6:12
- Santiago 1:21
- 1 Corintios 10:13
- 1 Juan 4:4

La vida controlada por el Espíritu

Padre, te ruego por todos los santos, y declaro que nuestros corazones y mentes están listos para recibir la instrucción por parte de tus pastores que nos capacitan para la obra del ministerio, la edificación del Cuerpo de Cristo. Produce en nosotros la unidad de la fe y el conocimiento del Hijo de Dios, hasta la medida de la estatura de la plenitud de Cristo.

Padre, ninguna condenación hay para los que andan conforme al Espíritu porque por medio de Jesucristo la ley del Espíritu de vida nos hace ser libres del pecado y de la muerte. Danos la gracia de vivir la vida del Espíritu. Padre, tú has condenado el pecado en la carne y le has quitado su poder sobre nosotros. Ahora, las justas demandas de la ley se cumplen en nosotros que vivimos y nos movemos según el Espíritu.

Nos proponemos vivir según el Espíritu y somos controlados por los deseos del Espíritu. Nos concentramos en esto y procuramos las cosas que agradan al Espíritu Santo. Ya no vivimos en la carne, sino en el Espíritu. El Santo Espíritu de Dios habita en nosotros, nos dirige y nos controla.

Por la autoridad de tu Palabra, declaramos que somos más que vencedores y estamos obteniendo una victoria incomparable por medio de Jesús que nos ama. No nos dejamos vencer por lo malo, sino que venceremos con el bien el mal. Tenemos puesta la armadura de la luz, estamos revestidos del Señor Jesucristo, el Mesías, y no nos preocupamos por satisfacer los deseos de la naturaleza pecaminosa.

Permite que siempre seamos hacedores de tu Palabra. Tenemos la sabiduría de Dios y la ponemos en práctica a través de la oración. Somos amantes de la paz, llenos de compasión y de buenos frutos. Somos libres de toda duda, vacilaciones y falta de sinceridad. Estamos sujetos a Dios, nuestro Padre.

Somos poderosos en el Señor y en el poder de su fuerza. Estamos firmes contra el diablo, lo resistimos y él huye de nosotros. Nos acercamos a Dios y Él se acerca a nosotros.

En Cristo, estamos plenos en la Deidad: Padre, Hijo y Espíritu Santo. ¡Jesús es nuestro Señor!

Referencias bíblicas
- Romanos 8:2, 4, 9, 14, 31, 37; 12:21; 13:12, 14
- Santiago 1:22; 4:7-8; 3:17
- Hebreos 13:5
- Colosenses 2:10

Halla favor en los demás

ORACIÓN DE INTERCESIÓN

Padre, en el nombre de Jesús, te ruego que hagas resplandecer tu rostro sobre _____ y tengas misericordia (gracia, amabilidad y favor) de su vida. _____ es cabeza y no cola. _____ está por encima y no debajo.

Gracias por el favor hacia _____ que busca primeramente tu reino y tu justicia, y procura el bien. _____ es una bendición para ti, Señor, así como también para *(nómbralos: familia, vecinos, compañeros de trabajo, etc.).* Gracia (favor) sea con _____ que ama al Señor Jesús con corazón sincero. _____ hace extensivo ese favor, honor y amor hacia *(nombres).* _____ fluye de tu amor, Padre. Tú derramas un espíritu de gracia

Oraciones con poder *para mamás*

sobre _____. Tú le coronaste de gloria y de honra porque es tu hijo, obra de tus manos.

_____ tiene éxito. _____ es alguien muy especial para ti, Señor.

_____ crece en el Señor, su espíritu se fortalece. Padre, tú le das a _____ sabiduría e inteligencia en toda clase de literatura y ciencia.

Tú haces que _____ halle el favor, la compasión, el afecto y la simpatía de _____ *(nombres)*. _____ se ganará el favor de todos los que se comuniquen con él en este día, en el nombre de Jesús. _____ está lleno de tu plenitud, arraigado y cimentado en amor. Tú estás haciendo muchísimo más de lo que _____ pide o se imagina, porque tu poder obra eficazmente en él.

Te doy gracias, Padre, porque _____ recibe la gracia y el favor de ti y de los hombres, en el nombre de Jesús.

Referencias bíblicas
- Números 6:25, LBLA
- Deuteronomio 28:13
- Mateo 6:33
- Proverbios 11:27
- Efesios 2:10; 3:19-20; 6:24
- Lucas 6:38
- Zacarías 12:10
- Salmo 8:5
- Lucas 2:40
- Daniel 1:9, 17
- Ester 2:15, 17

Oración por el gobierno

Padre, en el nombre de Jesús, te doy gracias por mi país y sus gobernantes. Oramos e intercedemos por nuestros líderes y sus familias, y por todos los que están en autoridad sobre nosotros de alguna manera. Oramos para que el Espíritu del Señor esté sobre ellos.

Creemos que la sabiduría está en el corazón de nuestro presidente y el conocimiento le endulzará la vida. La discreción lo cuidará y la inteligencia lo protegerá del mal.

Padre, te rogamos que rodees al presidente de personas que tengan un corazón y un oído atentos al consejo sabio y que hagan lo bueno delante de tus ojos. Creemos que tú haces que sean personas íntegras y obedientes para que podamos disfrutar de una vida pacífica y tranquila con absoluta piedad y honestidad. Pedimos que nuestro gobierno sea recto, que los líderes intachables e íntegros a tus ojos se mantengan, pero que los malvados desaparezcan de nuestro gobierno y que los traidores sean arrancados.

Tu Palabra declara que «dichosa [es] la nación cuyo Dios es el Señor» (Salmo 33:12). Recibimos tu bendición. Padre, tú eres nuestro refugio y nuestro baluarte en momentos de angustia (de altos costos, de miseria y de desesperación). Por eso declaramos con nuestra boca que tu pueblo habitará confiadamente en esta tierra y que prosperaremos en abundancia. ¡Somos más que vencedores por medio de Jesucristo!

En tu Palabra está escrito que el corazón del rey está en las manos del Señor y que tú le haces seguir el curso que has trazado. Confiamos en que el corazón de nuestro líder está en tus manos y que sus decisiones son dirigidas por ti, Señor.

Te damos las gracias porque las buenas nuevas del evangelio se esparcen por nuestra tierra. La Palabra del Señor prevalece y crece poderosamente en el corazón y la vida del pueblo. Te damos gracias por esta tierra y por los líderes que nos has dado, en el nombre de Jesús.

¡Jesús es el Señor sobre nuestro país! Amén.

Referencias bíblicas

- 1 Timoteo 2:1-3
- Proverbios 2:10-12, 21-22; 21:1
- Salmos 9:9; 33:12
- Deuteronomio 28:10-11
- Romanos 8:37
- Hechos 12:24

Oración de salvación

Dios te ama, sin importar quién seas, sin importar tu pasado. Dios te ama tanto que entregó a su único Hijo por ti. La Biblia dice: «Para que todo el que cree en él no se pierda, sino que tenga vida eterna» (Juan 3:16). Jesús entregó su vida y resucitó para que pudiéramos pasar la eternidad con Él en el cielo y experimentar lo mejor de este mundo. Si quieres recibir a Jesús en tu vida, repite la siguiente oración en voz alta, sintiéndola de corazón:

Padre celestial:

Vengo a ti y reconozco que soy pecador. En este momento decido dejar de lado el pecado y pedirte que me limpies de toda mi maldad. Creo que tu Hijo, Jesús, murió en la cruz por mis pecados. También creo que Él resucitó de los muertos para que yo pueda recibir el perdón de mis pecados y ser limpio mediante la fe en Él. Quiero que el Señor Jesucristo sea el Salvador y el Señor de mi vida. Jesús, elijo seguirte y quiero que me llenes del poder del Espíritu Santo. Declaro en este momento que soy un hijo de Dios. Soy libre del pecado y estoy lleno de la rectitud de Dios. Soy salvo en el nombre de Jesús. Amén.

Si hiciste esta oración por primera vez para recibir a Jesucristo como tu Salvador, escríbenos a través de nuestra página www.harrisonhouse.com.

Puedes escribirnos también a:
Harrison House
P.O. Box 35035
Tulsa, Oklahoma 74153

Acerca de la Autora

Germaine Griffin Copeland es la autora de la serie de éxitos de librería «Oraciones con poder». Estas obras se tradujeron a varios idiomas y hay más de tres millones de ejemplares impresos. Germaine es hija del difunto Rvdo. A.H. «Buck» y Donnis Brock Griffin. Germaine vive con su esposo, Everette, en Roswell, Georgia. Tienen cuatro hijos, diez nietos y cinco bisnietos.

DECLARACIÓN DE MISIÓN
WORD MINISTRIES, INC.

Motivar a las personas al crecimiento espiritual y la plenitud emocional, animándolas a relacionarse de manera más íntima y profunda con Dios Padre al elevar oraciones con poder.

Si quieres comunicarte con *Word Ministries*, puedes escribir a:

Word Ministries, Inc.
38 Sloan Street
Roswell, Georgia 30075
o llamar al (770) 518-1065
www.prayers.org

Por favor, cuando nos escribas, incluye tus testimonios y tus motivos de oración.

Otros libros de Germaine Copeland

Oraciones con poder: Un manual de oraciones basadas en la Biblia (volumen 1)

Oraciones con poder: Un manual de oraciones basadas en la Biblia (volumen 1, Serie Favoritos)

Oraciones con poder: Un manual de oraciones basadas en la Biblia (volumen 2)

Oraciones con poder: Un manual de oraciones basadas en la Biblia (volumen 3)

Oraciones con poder para las mujeres: Edición especial para regalo

¡Más oraciones con poder!

Si *Oraciones con poder para mamás* fue de bendición para ti, no debes perderte *Oraciones con poder para mujeres*, donde su autora te muestra cómo orar mejor por ti y por tu familia respecto a cada aspecto de la vida.

Oraciones con poder para mamás